Paris
1861

Nervo, baron de

Les Finances de la France sous le règne de Napoléon III

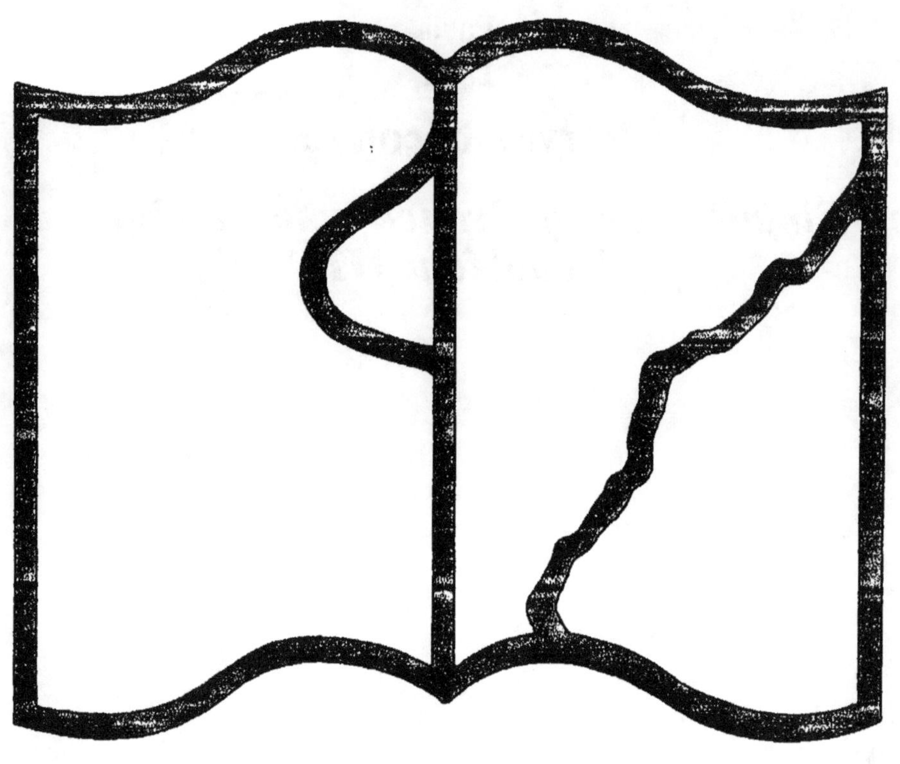

Symbole applicable
pour tout, ou partie
des documents microfilmés

Texte détérioré — reliure défectueuse

NF Z 43-120-11

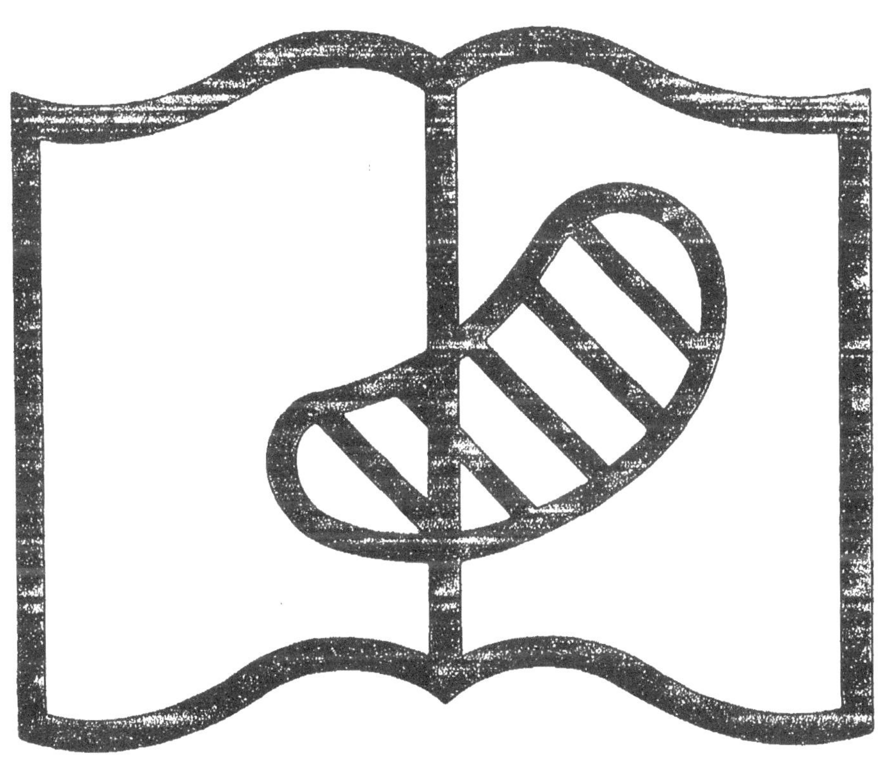

Symbole applicable
pour tout, ou partie
des documents microfilmés

Original illisible

NF Z 43-120-10

LES FINANCES

DE

LA FRANCE

SOUS LE RÈGNE DE

NAPOLÉON III

PARIS — IMPRIMERIE DE J. CLAYE, RUE SAINT-BENOIT, 7.

LES FINANCES

DE

LA FRANCE

SOUS LE RÈGNE DE

NAPOLÉON III

PAR

M. LE BARON DE NERVO

RECEVEUR GÉNÉRAL DES FINANCES

Cuique suum.

DEUXIÈME ÉDITION

REVUE ET CORRIGÉE

PARIS

MICHEL LÉVY FRÈRES, ÉDITEURS

RUE VIVIENNE, 2 BIS

—

1861

LES FINANCES

DE

LA FRANCE

SOUS LE RÈGNE DE

NAPOLÉON III

I

Les questions de finances excitent toujours un légitime intérêt; elles paraissent d'abord arides au plus grand nombre, mais, comme elles touchent à l'impôt, elles sont bientôt étudiées par tous, et, sinon comprises, du moins vivement discutées.

C'est ainsi que, depuis quelque temps, on a beaucoup discuté et beaucoup écrit sur la situation faite aux finances de la France depuis l'avénement de l'Empire : la plupart de ces œuvres, qui révèlent d'ailleurs des travaux sérieux, sont produites dans un même but, celui de démontrer que, sous le règne de Napoléon III, nos finances n'ont point été dirigées d'une manière sage, régulière et profitable à l'avenir.

Voici les assertions produites :

Les uns ont dit que, nos comptes généraux d'administration étant renfermés dans de volumineux recueils, il était difficile d'y lire et d'y trouver la vérité.

Les autres, niant la supériorité européenne de notre comptabilité, en ont signalé le mécanisme et l'organisation comme trop compliqués pour présenter des résultats clairs et faciles à des yeux non exercés.

Ceux-ci, plus dédaigneux de tout travail et de toute règle (et il s'en trouve), ont attaqué la valeur des chiffres eux-mêmes, et, leur attribuant une puissance contradictoire, suivant qu'ils sont placés de telle ou telle sorte, ils ont prononcé souverainement que les chiffres disaient à volonté le oui et le non, et que, par conséquent, ils étaient inutiles et les budgets aussi.

Ceux-là ont prétendu, à leur tour, que la science qui forme la base de toute appréciation et, par conséquent, de tout impôt, *la statistique*, est une science vaine, aride, peu sûre, et qu'alors il est dangereux d'ajouter foi à ses documents, si exacts qu'ils paraissent.

Il en est qui, plus hardis, n'ont pas craint de faire des finances de la France, depuis l'Empire, un tableau tel, que, suivant eux, nous toucherions à une catastrophe. — Ils n'ont point prononcé le mot fatal, mais ils l'ont enveloppé de toutes les périphrases et les précautions d'usage, prédisant que, pour conjurer cette catastrophe, il faudrait nécessairement recourir à de nouveaux impôts; puis, oubliant ces sinistres prédictions, ils ont cependant accordé que, sans argent, on ne pouvait faire de grandes choses.

Il en est encore qui ont prétendu que, le conseil d'État établissant d'avance et avec quelque complaisance les budgets de l'État, ces budgets ne recevaient des pouvoirs législatifs qu'une

sanction privée de liberté de discussion, c'est-
à-dire une sanction de pure formalité.

Enfin, certains ont été jusqu'à avancer que,
dans un État où les ministres n'ont à rendre
compte de leur administration qu'à celui dont
ils reçoivent les ordres; dans un État où la
même main qui dépense peut à volonté puiser
dans le trésor, il est urgent qu'un pouvoir
éclairé appelle, au lieu de les repousser, toutes
les formes de contrôle.

Lorsqu'on voit se produire de semblables
doctrines, on dirait, en vérité, que, depuis 1852,
les finances de la France sont livrées à je
ne sais quel *conseil des dix*, s'appropriant sans
limite et sans contrôle toutes sommes pour les
dissiper à loisir. — Répondre à ces assertions,
ce serait douter de la raison, aussi bien que
méconnaître l'action sage et attentive de tous
les pouvoirs législatifs qui se sont succédé depuis 1852.

L'organisation et le mécanisme de notre administration financière n'ont nul besoin d'être
mieux défendus du blâme qu'on essaye de leur
imputer. Cette organisation est claire, simple,
facile ; les documents officiels sont ouverts à

tous ceux qui veulent y lire, aucun détail n'y est omis, tous s'y trouvent; mais il faut savoir et vouloir les y trouver.

Il en est de même des documents qui résultent des statistiques officielles. — Ces documents peuvent être contestés, mais ils demeurent encore comme les guides les meilleurs et les plus sûrs pour tout esprit patient, sérieux et jaloux de la vérité.

L'empereur Napoléon Ier appelait la statistique le *budget des choses*, et, en effet, c'est avec ce budget seulement qu'il est permis de déterminer l'état réel des *choses* du pays et de constater quels sont les progrès ou le ralentissement de sa prospérité. C'est avec la statistique seule, ainsi qu'on l'a si bien dit, que toutes les questions d'impôt sont éclaircies, que les plus graves mesures sont préparées ; car la statistique se mêle à tout, elle touche à tout, et il n'est point dans la vie sociale un seul fait qui lui échappe.

La dédaigner, ce serait donc la méconnaître.

II

Contrairement à ce que nous avons lu et entendu, nous prétendons établir que, depuis la période impériale, les finances de la France ont été sagement dirigées, les recettes et les dépenses régulièrement justifiées, et que, malgré quelques prédictions sinistres, notre situation financière est normale et prospère.

Toute solidarité avec les temps et les budgets antérieurs est naturellement écartée; car, quelque soin que doive apporter un gouvernement honnête à l'extinction des dettes qu'il n'a point créées, il ne saurait en accepter la responsabilité : *cuique suum.*

Laissant donc à la République de 1848 la charge des 53 millions de rentes qu'elle a inscrites à la dette dans son court passage, nous ne nous occuperons que des budgets qui ont eu cours de 1852 à 1859 exclusivement : l'époque de 1852 pouvant être regardée comme appartenant déjà par son principe d'ordre à la période impériale, et le compte final de 1858 étant le seul qui ait été définitivement apuré. — Pour plus de clarté, nos calculs seront établis en chiffres ronds.

Les principes que nous défendons, et dont nous trouvons la stricte application dans les budgets qui nous occupent, sont ceux-ci :

1° Le poids de l'impôt doit être proportionné aux forces de ceux qui le payent;

2° La dette publique doit être en rapport direct avec la puissance du crédit de l'État;

3° Les dépenses, discutées et votées par les représentants de la nation, doivent être consacrées à la bonne administration du pays, au maintien de son honneur, au développement de sa prospérité.

Si donc, d'une part, nous établissons que l'impôt, loin d'avoir été pour les contribuables une charge au-dessus de leurs forces, a été au contraire soldé avec facilité; si, d'autre part, nous établissons que la dette est en rapport avec nos moyens, et que toutes les dépenses ont été régulièrement discutées, votées et appliquées conformément au vœu des législateurs, nous croirons avoir atteint le but de ce travail, et avoir suffisamment prouvé que les finances de la France n'ont point dégénéré sous le règne de Napoléon III.

En entreprenant une semblable tâche, il nous a semblé que le caractère officiel de receveur général des finances, loin d'imposer une réserve, était au contraire un titre à remplir l'un des meilleurs devoirs de la vie publique : celui d'éclairer l'opinion de son pays.

III

Rien n'est absolu dans le chiffre d'un budget. Ce chiffre n'est et ne doit être relatif qu'aux facultés des contribuables qui le payent. C'est donc vainement qu'on voudrait établir une comparaison quelconque entre les budgets des diverses périodes de notre histoire, et en

conclure, par exemple, qu'on paye trop en
1858, si on paye plus qu'en 1789, en 1815 ou
en 1831. C'est aussi très-faussement que l'on
tenterait d'induire, d'après le même principe,
que, puisqu'à ces époques antérieures la France
vivait avec ses budgets, elle pourrait et devrait
vivre aujourd'hui dans les mêmes conditions.

En 1789, la France payait pour impôts de
toute nature 691 millions; en 1799, elle payait
728 millions; en 1815, 734 millions; en 1831,
époque de renaissance industrielle, 986 millions,
et aujourd'hui, en 1858, elle paye 1,871 millions, c'est-à-dire 885 millions de plus qu'en
1831, sans que l'impôt *direct* proprement dit
ait été augmenté, ainsi que nous le prouverons
tout à l'heure.

Mais comparons la France d'alors avec la
France d'aujourd'hui.

Il y a soixante ans à peine, une portion du pays
était sans culture; aux grandes routes n'abou-
tissaient que peu ou point de chemins; la petite et la moyenne vicinalité étaient ignorées;
toute communication était difficile; de là point
de débouchés pour les denrées, et, par conséquent, avilissement de leur prix de vente.

Aujourd'hui, la France, dans toutes ses directions, dans tous ses bourgs, dans tous ses villages, est reliée aux centres de population ; partout l'industrie a multiplié ses produits, l'agriculture a doublé les siens, et, de même que les organes de la circulation transmettent au corps humain les principes de la vie, de même aujourd'hui la viabilité transmet partout à notre sol ces principes de progrès, de richesse et de vie qui lui manquaient autrefois.

Aujourd'hui, ce progrès a pénétré dans toutes les classes : c'est ce progrès qui, en soixante et dix ans, a doublé, triplé, quadruplé et presque quintuplé le chiffre des revenus indirects, revenus qui sont l'indice le moins contesté du bien-être général.

Voyez plutôt : en 1789, les revenus indirects figuraient à nos budgets pour 240 millions ; en 1815, ils figuraient pour 322 millions ; en 1831, ils atteignaient 549 millions ; en 1858, ils s'élèvent à 1 milliard 98 millions.

L'augmentation d'un budget n'incrimine donc en rien la sagesse de ceux qui l'établissent : la force contributive seule de la nation qui le supporte en détermine l'importance.

Ce principe admis, nous entrons en matière. Le plan de notre travail est celui-ci :

Présenter les budgets de l'Empire de 1852 à 1859, les comparer entre eux, analyser pour chacun d'eux toute augmentation ou diminution de recette et dépense, en rechercher la cause, la justifier.

BUDGETS DES RECETTES.

	1852 :	1858 :
Contributions directes . . .	413,901,126	464,105,000
Forêts	33,531,434	35,217,979
Domaines	9,221,556	13,094,974
Contributions indirectes . .	810,301,137	1,008,433,787
Produits divers	69,257,335	136,962,722
Ressources extraordinaires.	151,132,396	123,566,842
	1,487,344,984	1,871,331,904

Différence : 384 millions.

Le budget de 1858 dépasse, ainsi qu'on le voit, celui de 1852 de la somme de 384 millions. Voyons d'où proviennent ces 384 millions.

IV

L'impôt direct a fourni sa part, mais sans nulle augmentation : on entend répéter chaque jour que l'impôt direct a été augmenté depuis l'Empire ; c'est une erreur capitale qu'il importe de rectifier.

L'impôt direct, considéré dans son *principal*, et patentes déduites, a été presque immuable depuis longues années. Cet impôt a même subi deux dégrèvements considérables en moins de cinquante ans : l'un de 92 millions, sous le gouvernement des Bourbons; l'autre de 28 millions, à la date du 7 août 1850.

Ce qui, la plupart du temps, induit le contribuable en erreur, c'est le chiffre total de l'impôt, dans lequel il confond les attributions revenant à l'État, avec celles revenant au département et à la commune; c'est-à-dire le principal avec les centimes additionnels spéciaux, qui sont complétement indépendants de l'État.

Ainsi, par exemple, si dans les budgets de 1852 à 1859 on remarque sur l'impôt direct une différence en plus de 51 millions, il faut savoir faire la différence entre les fonds généraux et les fonds spéciaux; sur ces 51 millions, 20 millions seulement sont revenus à l'État, 31 millions ont été affectés aux fonds spéciaux, c'est-à-dire aux départements et aux communes.

Les 20 millions qui sont revenus à l'État n'ont point été une augmentation de principal; ils proviennent de constructions nouvelles, de terrains sortis du domaine de l'État et devenus imposables, de portes et fenêtres nouvelles, de patentes nouvelles; 1858, seul, a fourni 4 millions de taxes de patentes de plus que 1857, et l'on ne sera point étonné de cette augmentation, quand on saura que, de 1852 à 1859, la reprise des affaires commerciales avait amené 198,498 nouveaux patentés.

De leur côté, les fonds spéciaux portés aux budgets de 1852 à 1859 ayant suivi la même progression se sont élevés en sept ans de 144 millions à 175 millions, et ont donné ainsi 31 millions de plus. Ces 31 millions

2

ont été immédiatement restitués aux départements et aux communes, pour y être employés aux dépenses spéciales, librement votées
par les conseils généraux et les conseils mu-
nicipaux.

Il était donc juste de dire que, de 1852 à
1859, l'impôt *direct* proprement dit, qui a
passé de 413 millions à 464 millions, n'a point
été augmenté d'un centime au profit de l'État.

V

On a souvent discuté le rapport qui existe
en France entre le *capital* et le *revenu* du sol,
ainsi que le rapport qui existe entre le *revenu*
du sol et l'*impôt*. Les documents officiels et
statistiques nous fixent, à ce double sujet,
d'une manière complète.

Suivant la statistique, le sol de la France
est composé de 54 millions d'hectares, dont la
valeur est de 100 milliards.

D'autre part, le dernier recensement du ministère des finances atteste que le revenu de la propriété foncière en France est de 3 milliards.

D'après ces bases, si un capital de 100 milliards a produit un revenu de 3 milliards, ce revenu équivaudra au chiffre de 3 pour 100, *impôt non payé*. Lorsque l'impôt direct (392 millions, patentes déduites) aura été acquitté, ce revenu primitif de 3 milliards sera réduit à 2 milliards 608 millions, et alors il équivaudra à 2,60 pour 100, c'est-à-dire à un peu plus de 2 1/2 pour 100. Ce taux de 2 1/2 pour 100 est, en effet, celui qui est généralement attribué, en France, au revenu net du sol.

Le rapport qui existe entre le revenu du sol et l'impôt foncier est également facile à déterminer : le sol payant 392 millions d'impôt direct sur un revenu de 3 milliards, cet impôt est dans la proportion du huitième du revenu net et réel.

Cela ne veut pas dire assurément que, dans tous les départements de l'Empire, le revenu soit le même, moins encore que l'impôt soit réparti dans la même proportion. En effet, il est des départements qui payent le 5°, d'autres le 6°, le 7°, le 9°, et jusqu'au 10° de leur revenu. C'est là l'inégalité que corrigerait peut-être une nouvelle assiette de l'impôt, idée depuis longtemps poursuivie sous le nom de péréquation générale; opération difficile, coûteuse, et dont les résultats sont encore plus que problématiques.

Quant à l'impôt tel qu'il est assis actuellement en France, dans son ensemble, est-il trop lourd et disproportionné avec les forces des contribuables? C'est ce que nous allons examiner.

Lorsqu'un impôt est lourd, il est mal payé; on demande des délais, et les frais de poursuites sont considérables.

Or, la situation du recouvrement de l'impôt en France nous prouve directement le contraire. Tout atteste, en effet, que, de 1852 à 1859, non-seulement les recouvrements ont été réguliers, mais encore qu'ils ont présenté des anticipations considérables.

Ainsi, en 1852, au 31 décembre, époque à laquelle il n'était dû que 11 douzièmes des rôles, il avait été recouvré 11 douzièmes

29 centièmes de douzième, et, en 1858, la progression des anticipations avait amené, à la même époque, un recouvrement de 11 douzièmes 62 centièmes.

Cela n'annonce pas la gêne.

D'autre part, et comme corollaire à cette facilité du recouvrement, à cette même époque de 1852 à 1859, les frais de poursuites n'avaient éprouvé que des diminutions; ainsi, en 1852, les poursuites étaient de 2 fr. 76 c. par chaque mille francs; en 1858, cette proportion s'abaissait à 1 fr. 47 c., près de moitié.

Cela n'annonce pas davantage la gêne.

Il demeure donc établi, contrairement à l'assertion de ceux qui ont écrit que la propriété gémit en France sous le poids de l'impôt direct, qu'au contraire cet impôt n'est point une trop lourde charge.

Au reste, le progrès qu'a fait l'agriculture en France depuis le commencement du siècle attesterait à tous les yeux son aisance, si cette vérité n'était déjà reconnue.

C'est encore à la statistique qu'il faut recourir pour en fournir la preuve.

Cette preuve se révèle, et par l'augmentation
de la population, et par la plus-value de la valeur vénale du sol, et par la plus grande éten-
due des terres cultivées, et par l'accroissement
de la production, et par la hausse du prix de
vente des denrées.

Voici les documents recueillis :

En 1801, la population de la France était
de 27 millions d'habitants; en 1806, de 29 millions; en 1856, le dernier recensement accu-
sait 36 millions d'habitants; aujourd'hui, avec
les départements annexés, nous avons plus de
40 millions d'âmes.

La valeur vénale du sol s'est accrue de plus
du double de 1821 à 1851. La grande propriété n'a point profité, il est vrai, de cet essor
autant que la petite; à peine si la grande propriété s'est accrue d'un tiers; la petite propriété, mieux amendée, mieux cultivée, a
acquis au contraire une valeur double et triple
de celle qu'elle avait auparavant. Cette division de la propriété est donc loin d'avoir produit les effets désastreux qu'on s'est plu à lui
attribuer. D'ailleurs, par le rendement du sol,
on peut se convaincre des progrès.

En 1815, on ne comptait en France que 4,500,000 hectares de terres ensemencées en froment, et ces 4,500,000 hectares produisaient 39 millions d'hectolitres. En 1858, les hectares ensemencés ont augmenté de 2 millions; ils atteignent 6 millions 1/2, et la production, au lieu d'être de 39 millions d'hectolitres, est de 100 millions; c'est une amélioration de 71 millions d'hectolitres.

Le prix de la denrée a suivi la même progression. En 1805, l'hectolitre de froment valait 20 fr. 34 c.; en 1858, il a valu 22 fr. 27 c.

Les prés, dans l'espace de seize ans seulement, ont subi les changements suivants : en 1842, les prairies naturelles et artificielles contenaient 5 millions 1/2 d'hectares; en 1858, elles en contiennent 7 millions 1/2 : la production et l'élevage du bétail en sont la naturelle conséquence; la race bovine seule a augmenté, de 1840 à 1852, en douze ans, de 2 millions de têtes.

Les bois, de leur côté, ne sont point demeurés en arrière. En 1812, le sol forestier de la France contenait 7 millions d'hectares; en 1842, il contient 9 millions d'hectares, avec cette par-

ticularité que, dans cette période, tandis que
les bois de l'État diminuent de 400,000 hectares, ceux des communes et ceux des particu-
liers augmentent de 2,200,000 hectares.

Les vignes ont suivi une bien autre marche
progressive.

En 1788, les terres plantées en vignes contenaient 1 million 1/2 d'hectares; en 1852, il
y a 500,000 hectares de plus.

En 1788, le prix d'un hectare de bonne vigne
était de 1,714 fr.; en 1810, il était de 2,290 fr.;
en 1830, de 2,965 fr.; en 1050, de 3,003 fr.
En quarante ans un hectare a doublé.

La production a également doublé. En 1788,
la production était de 25 millions d'hectolitres;
en 1842, elle est de 45 millions : la consommation a naturellement suivi la production; elle a
augmenté de 98 pour 100 de 1831 à 1847 pour
les vins, et de 70 pour 100 pour les alcools.

Les droits et les taxes d'octroi en font foi.
Dans la même période, les droits ont monté de
68 millions à 108 millions, 58 pour 100; les
taxes d'octroi, de 54 millions à 88 millions,
45 pour 100.

La consommation extérieure a de même progressé. Avant la Révolution, au temps de leur plus grande activité, et alors que le traité de 1786 avec l'Angleterre était en pleine vigueur, nos exportations avaient atteint un chiffre de 60 millions; en 1848, ce chiffre était de 85 millions.

Les quantités exportées offrent un enseignement encore plus marqué.

De 1785 à 1789, on a exporté 1,054,000 hectolitres.
De 1802 à 1811,   —   1,173,000   —
De 1811 à 1831,   —   1,232,000   —
De 1831 à 1848,   —   1,605,000   —
En 1848,   —   1,926,000   —

Il est vrai de dire que, dans cette consommation extérieure de 1831 à 1848, il faut compter le marché d'Alger, qui nous était autrefois fermé, et qui absorbe aujourd'hui plus de 400,000 hectolitres de vin, et 40,000 hectolitres d'alcools.

On voit maintenant comment, à l'aide d'une telle progression de travail, d'industrie, de production, la France peut supporter aussi facilement qu'elle le fait les charges auxquelles est assujetti son sol.

La division des cotes des contribuables et l'étude de leurs différentes classes offre encore un document curieux et important à consulter.

Il y a en France 12,728,000 cotes d'impositions directes.

```
Il y en a    16,000 qui payent 1,000 fr. et au-dessus.
   —         36,000      —        de 500 à 1,000 fr.
   —         64,000      —        de 300 à 500 fr.
   —      3,739,000      —        de 20 à 300 fr.
   —      1,614,000      —        de 10 à 20 fr.
   —      1,818,000      —        de 5 à 10 fr.
   —      5,441,000      —        au-dessous de 5 fr.
          __________
         12,728,000
```

Si, d'après le montant de ces cotes, on voulait apprécier et le capital et le revenu de chacun, il serait facile de déterminer ainsi, aussi sûrement que possible, quelles sont les mains dans lesquelles résident la grande et la petite propriété, et comment elles acquittent l'impôt.

J'ai lu quelque part que les pays libres et constitutionnels étaient ceux où l'impôt était le mieux payé, et, à titre d'exemple, on a cité l'Angleterre comme l'un des plus avancés sous ce rapport. Nous n'avons point à apprécier ici le degré de liberté dont nous jouissons comparativement à l'Angleterre: tel n'est point le sujet de notre travail, qui est un travail purement financier; mais nous nous sommes assuré qu'en Angleterre l'impôt foncier est, au contraire, fort loin d'être aussi bien payé qu'en France.

Nous observerons d'ailleurs qu'en Angleterre l'impôt foncier proprement dit ne consiste qu'en une somme minime de 80 millions, sur un budget général de 1,800 millions; ce qui, par parenthèse, constitue, suivant nous, dans les éléments du budget français, une condition de solidité que n'offre point le budget de la Grande-Bretagne constitutionnelle, dans lequel l'accise, les douanes, les postes, le timbre comptent pour la majeure partie, c'est-à-dire pour 1,440 millions, et l'impôt sur le revenu, l'*income-tax*, pour 280 millions.

Nous ne connaissons point en France un semblable impôt; en Angleterre, il a fait son temps.

VI

Après l'impôt direct, les autres ressources qui ont composé les recettes de nos budgets sont les produits des eaux et forêts, de l'enregistrement, des domaines, ceux des douanes, des contributions indirectes et des postes, en même temps que certains droits divers.

En 1852, les forêts avaient donné 33 millions; elles ont donné, en 1858, 35 millions, c'est-à-dire une augmentation de 2 millions : on remarque, en effet, que la moyenne du prix de vente a varié, pour l'hectare, de 735 fr. à 921 fr., et pour l'arbre, de 13 fr. à 16 fr., de 1852 à 1858. La plus-value des locations de pêche et de chasse a été plus considérable en 1858.

Les ventes et revenus des domaines avaient produit, en 1852, 9 millions; en 1858, ils donnaient 13 millions avec augmentation de 4 millions. Les biens vendus en exécution de la loi du 18 mai 1850 en ont été la cause.

L'enregistrement a donné de bien autres résultats. — En 1852, il avait produit 263 millions; en 1858, il donne 340 millions, avec 77 millions d'augmentation; cette augmentation a porté principalement sur les droits fixes et proportionnels qui, de 201 millions qu'ils avaient donnés en 1852, donnent 262 millions en 1858.

Les douanes ont progressé de 46 millions, ce qui prouve que le commerce avait sérieusement repris; les sucres coloniaux seuls donnent 26 millions en plus.

Les contributions indirectes passent de 325 millions à 479, c'est-à-dire progressent de 154 millions, dont: sur les boissons seulement, 51 millions; sur les sels hors du rayon des douanes, 2 millions; sur les sucres indigènes, 32 millions; sur les tabacs, 39 millions.

Enfin, les postes progressent de 11 millions.

D'autre part, les revenus et produits divers, qui comptaient à 1852 pour 69 millions, sont portés à 1858 pour 136 millions. Cette diffé-

rence de 67 millions résulte de l'essor donné
à diverses natures de produits, dont le détail
est minutieusement indiqué dans les documents
officiels.

Tel est l'ensemble des ressources ordinaires
de 1858. Leur chiffre dépasse celui de 1852 de
412 millions.

Il reste à examiner la situation des ressources
extraordinaires. Ces ressources étaient en 1852
de 151 millions. Elles se composaient de 59 millions provenant de versements et remboursements de chemins de fer, de 15 millions provenant d'aliénation des bois de l'État, et de
77 millions fournis par l'amortissement. En
1858, ces ressources extraordinaires figurent
seulement pour 123 millions, dont 4 millions
provenant des mêmes engagements des chemins
de fer, et 119 millions fournis par l'amortissement; d'où il suit qu'il existe sur ce chapitre
une diminution de 28 millions.

Il résulte de cette comparaison des budgets
de 1852 et de 1858, que, balancées entre elles,
les recettes de 1858 ont donné un excédant de
384 millions.

Ce sont ces 384 millions que nous nous étions

proposé d'analyser, et dont il importait d'indiquer les origines.

On aura remarqué que la subvention de l'amortissement, qui figurait, en 1852, pour 77 millions, a été portée, en 1858, à 119 millions. Cette intervention de l'amortissement dans les budgets de l'État demande à être traitée d'une manière spéciale.

VII

L'intervention de l'amortissement dans les voies et moyens destinés à équilibrer les budgets a été l'objet de nombreuses et profondes dissidences parmi les financiers les plus expérimentés.

Le régime de l'amortissement est, chacun le sait, de racheter avec des fonds répartis au marc le franc, au capital nominal de chaque nature de rente, celles de ces rentes dont le cours serait inférieur au pair; les fonds appartenant à des rentes dont le cours serait supérieur au pair, devant être mis en réserve.

Cette action de l'amortissement a été plusieurs fois détournée de son but, notamment par les lois du 29 février, du 8 mars et du 22 juillet 1848; depuis 1848, l'amortissement a été presque entièrement réservé à l'équilibre des budgets. Cette mesure a été souvent attaquée, mais elle a été définitivement résolue par l'opinion que faisait prévaloir, en 1857, M. Magne, ministre des finances, dans le rapport qu'il adressait à l'Empereur.

Suivant ce ministre éminent, « l'amortissement, pour avoir tout son effet, doit résulter d'un excédant de recette positif. S'il en est autrement, les fonds qu'il absorbe produisent un déficit dans le budget. Or, ce déficit augmente d'abord la dette flottante; puis, tôt ou tard, celle-ci doit aboutir à une consolidation en rentes; ce qui veut dire que, dans ce cas, l'amortissement, au lieu d'éteindre la dette publique, tend à l'accroître. »

Ces considérations s'appliquant de tous points à la situation actuelle de nos budgets, on comprend pourquoi la suspension de l'amor-

tissement, mesure exceptionnelle, mais qui, au
fond, est une garantie d'ordre, trouve dans ces
mêmes budgets une application que tout esprit sage accepte et approuve.

Ceci ne veut point dire, loin de là, que l'action libératrice de l'amortissement sur la dette
publique doive être suspendue d'une manière
illimitée : sans doute, il est nécessaire de remettre en vigueur, dès que les circonstances le
permettront, le bénéfice de cette action, et déjà,
en 1859, le gouvernement de l'Empereur, in-
spiré par une juste sollicitude des intérêts publics, avait affecté au rachat de la dette une
partie considérable des fonds d'amortissement;
mais les réformes récemment apportées aux ta-
rifs de nos douanes par le dernier traité avec
l'Angleterre ayant diminué momentanément
nos ressources d'une somme de 90 millions, il
a été jugé opportun de reprendre de nouveau
les réserves de l'amortissement pour équilibrer
nos budgets.

Cette mesure, sage en elle-même, n'aura
qu'un temps; les 26 millions que nous a enlevés
la suppression des droits sur les laines et sur
les cotons, les 53 millions que nous avons perdus

3

sur les sucres, les 11 millions que nous avons perdus sur les cafés, réduits de moitié, nous seront amplement restitués par l'augmentation de consommation de ces denrées, et tout fait espérer que, dans un temps qui ne peut être que prochain, l'amortissement devra recommencer à fonctionner, du moins dans une certaine limite, et concourir ainsi à la réduction de la dette consolidée, dette qui, d'ailleurs, n'offre par ses proportions actuelles aucun danger réel.

D'autre part, et comme preuve accessoire du bien-être général pendant cette période, les fonds versés par les populations ouvrières, soit aux caisses d'épargne, soit aux caisses industrielles, se sont comptés par millions.

Telle est la situation des budgets de recettes de l'Empire, de 1852 à 1859.

En résumé, l'impôt direct, maintenu dans une sage limite, a été acquitté sans nul effort. Les autres revenus de l'État ont progressé, en sept ans, de plus de 300 millions; et le principe que nous avions émis, à savoir « que les impôts, pour être bien assis, doivent être proportionnés aux forces de ceux qui les payent, » a donc reçu sa justification.

Ceux-là seuls qui nieraient cet immense progrès de la richesse publique auraient des yeux pour ne pas voir.

Nous passons aux dépenses.

VIII

Pour que les finances d'un État soient bien administrées, il importe encore, avons-nous dit :

1° Que ses dépenses votées par les représentants de la nation soient exclusivement consacrées à la bonne administration du pays, au maintien de son honneur, au développement de sa prospérité;

2° Que sa dette soit en rapport direct avec la puissance de son crédit.

Il convient d'examiner si, dans la période impériale dont nous nous occupons, ces conditions ont été remplies.

Les dépenses d'un budget ne sont point toujours en concordance parfaite avec les recettes votées; tantôt il y a économie, tantôt il y a excédant de dépenses, et, dans ce dernier cas, il y a nécessité de couvrir ces excédants de dépenses par des crédits supplémentaires, qui, si bien justifiés qu'ils soient, n'en doivent pas moins être l'objet de la plus scrupuleuse réserve.

C'est ainsi que le budget de 1852, qui avait été fixé en recette à 1487 millions, figure à la dépense pour 1513 millions avec une augmentation de 26 millions; c'est aussi, d'une façon inverse, que le budget de 1858, fixé en recette à 1871 millions, a été réglé en dépense à 1858 millions, avec une économie de 13 millions.

La différence de dépense qui existe entre ces deux budgets, à sept ans d'intervalle, est donc de 345 millions. C'est cette dépense qu'il nous appartient de contrôler, d'analyser, de justifier.

IX

La révolution de 1848 avait fait, on le sait, au pouvoir qui lui succéda, une situation financière des plus délicates. Les dépenses s'étaient augmentées en 1848 d'une manière fatale, et presque tous les services publics avaient souffert; il appartenait alors à un pouvoir réparateur de rétablir l'ordre et dans les finances et dans les services généraux : — 1850 commença cette réparation; aussi aperçoit-on déjà, dans cette année, une trace notable et bienfaisante des efforts accomplis.

En 1852, le budget des dépenses qui avait atteint en 1851 le chiffre de 1461 millions, est tout à coup porté à 1513 millions, avec 52 millions d'augmentation.

Cette augmentation se révèle dans les chapitres suivants, qui la justifient.

Le ministère d'État, fondé en 1852, reçoit

8 millions; les affaires étrangères, 1 million :
la dette publique s'accroît de 14 millions, dont
4 millions pour intérêts de la dette flottante,
11 millions pour les retraites des employés des
finances, 3 millions pour les militaires de la
République et de l'Empire; tandis qu'elle se
diminue, en même temps, de 3 millions pour
la dette consolidée, et de 1 million pour pensions viagères.

Les dotations de 1851 étaient de 8 millions
alloués à l'Assemblée nationale et au Pouvoir
exécutif; en 1852, elles se montent à 16 millions, avec 8 millions d'augmentation justifiés
par l'installation des nouveaux pouvoirs et par
l'avénement du prince-président.

Le service de la guerre était à réorganiser.
Il absorbe près de 14 millions : 2 millions
pour la remonte de l'armée, 5 millions pour
travaux urgents du génie, 3 millions pour la
gendarmerie et l'Algérie, 4 millions pour ses
autres services.

La marine réclame, à son tour, 8 millions
en plus : pour la solde des équipages, 4 millions; pour les approvisionnements de la flotte,
3 millions; pour le service des vivres, 1 million.

Le ministère des travaux publics reçoit 6 millions; l'instruction publique, 1 million.

Le ministère de l'intérieur obtient 18 millions pour améliorer ses services et concourir aux dépenses de l'agriculture et du commerce dont il était chargé, ce service n'ayant été réuni que postérieurement au département des travaux publics.

Toutes ces dépenses supplémentaires et de première nécessité s'étaient élevées à 78 millions; mais, d'autre part, le service général des finances, les primes de remboursement et les crédits afférents à certains travaux d'utilité publique ayant procuré, comparativement à 1851, une économie de 26 millions, il s'ensuivait que les augmentations de dépenses, de 1852 sur 1851, se trouvaient réduites aux 52 millions que nous avons annoncés.

Le premier budget de dépenses de l'Empire, celui de 1852, était donc de 1513 millions. — C'est là notre point de départ, et c'est ce budget qui, comparé avec celui de 1858, donne la différence notable de 345 millions, différence qu'il s'agit de justifier, de même que nous venons de justifier l'augmentation de 1851.

Voici les deux budgets mis en regard; nous les discuterons ensuite :

BUDGETS DES DÉPENSES :

	1852 :	1858 :
Dette publique	398,874,074	520,714,378
Dotations	16,458,702	40,162,124
Service général des finances.	25,109,131	21,828,373
Frais de régie.	148,888,337	188,576,800
Remboursements et primes .	91,750,134	136,184,821
Service des ministères. . . .	775,133,907	921,056,970
Travaux extraordinaires. . .	56,890,373	20,970,305
	1,512,104,748	1,858,493,891

Différence : 345 millions.

Examinons actuellement, chapitre par chapitre, quelles sont ces augmentations de dépenses.

X

La dette publique se présente au premier rang. La dette publique est, dans les dépenses de l'État, l'un des articles les plus importants, en même temps qu'il est celui sur lequel se fixe plus particulièrement, et à bon droit, l'attention générale.

La dette publique se compose de la dette consolidée, des fonds de l'amortissement, des intérêts dus à la dette flottante, des intérêts des cautionnements, des pensions à divers titres, et de quelques allocations spéciales.

La dette consolidée, qui avait été augmentée en une seule année (1848) de 54 millions de rentes, présentait, en 1852, un chiffre de 239 millions au capital de 5 milliards; ce chiffre était porté en 1858 à 316 millions, au capital de 8 milliards. La dette avait donc augmenté en sept ans de 77 millions de rentes.

Voici dans quelles natures de rentes cette
dette était constituée :

.1852 :

	Rentes.	Capital nominal.
Rentes 5 0/0 . . .	182,318,194	3,046,303,802
— 3 0/0 . . .	53,719,120	1,790,037,333
— 4 1/2 . . .	895,302	19,895,600
— 4 0/0 . . .	2,371,911	59,297,775
	239,304,527	5,516,194,510

1858 :

	Rentes.	Capital nominal.
Rentes 4 1/2. . .	884,560	19,056,889
4 1/2 nouveau . .	171,935,268	3,820,783,733
4 0/0	2,353,568	58,839,200
3 0/0	140,820,250	4,604,008,337
	315,993,646	8,503,288,159

On comprend d'avance que, si l'on se bor-
nait à énoncer de semblables chiffres sans les
expliquer, on produirait ainsi une inquiétude
que justifierait assurément la moindre sollicitude des intérêts publics ; mais, en expliquant
comment s'est produite cette notable augmen-

tation de la dette de l'État, la raison reprend bien vite son empire.

L'augmentation de la dette, en 1858, provient de la guerre d'Orient : cette guerre, glorieusement terminée, a été soldée au moyen des trois emprunts successifs qui se sont élevés à 1,500 millions; elle a coûté à la France 71 millions de rentes : or, en déduisant, dès l'abord, ces 71 millions des 77 millions qui forment la différence entre 1852 et 1858, il résulte que les sept années écoulées dans cette période donnent une seule augmentation de 6 millions.

Ces 6 millions consistent en rentes créées au profit de la Légion d'honneur, au profit des héritiers de la reine des Belges, au profit de la dotation de l'armée, en rentes affectées tant au rachat du palais de l'Industrie qu'au rétablissement d'une partie du majorat du duc d'Istrie.

La cause de l'accroissement inusité de notre dette est donc une cause spéciale et exceptionnelle, la guerre.

A ce sujet, on a beaucoup dit que les emprunts n'étaient légitimes que lorsqu'ils étaient contractés pour des entreprises d'un effet durable, comme, par exemple, pour de grands travaux d'utilité publique, des monuments, etc., parce que, ces travaux profitant aux générations futures, il était juste qu'elles en partageassent les charges; tandis que, les dépenses d'une guerre profitant à peine à ceux qui l'avaient entreprise, il était illégitime de les faire supporter aux générations à venir, pour lesquelles elles ne seraient d'aucun avantage. Il est facile de répondre que les avantages que retire une nation de son passé ne se comptent point seulement en jouissances matérielles, et que l'honneur, l'influence d'un pays, achetés par le sang, sont bien aussi un héritage de quelque prix qu'il faut savoir payer.

On a avancé, en poursuivant cette critique, que, pour soutenir une guerre, l'impôt est toujours préférable à l'emprunt, parce que l'impôt associe davantage à cette décision suprême la volonté réelle de la nation et ses intérêts : pour le prouver, on a cité l'Angleterre, qui, pour sa guerre de l'Inde, n'a point hésité à s'adresser à l'impôt.

Mais, pour en agir ainsi, il fallait dire aussi

que l'Angleterre avait des motifs que nous
n'avions point. Sa dette publique était considérable, elle atteignait 18 milliards, et son budget
était par là grevé de la somme annuelle de
756 millions. L'Angleterre a donc parfaitement senti que c'eût été manquer à la sagesse
que d'augmenter encore sa dette par un emprunt, et elle s'est adressée à l'impôt; et à
quel impôt? A l'impôt exceptionnel de l'*income-
tax*, impôt aujourd'hui condamné par tous les
partis du parlement.

Comme corollaire de cette critique, on a
ajouté que, d'ailleurs, un emprunt ne pouvant
réussir que par l'appât ou la certitude du gain
qu'on y trouvait, il suffisait, pour être assuré
d'un bon résultat, d'en baisser le taux d'émission au-dessous du cours de la Bourse.

Dans cette assertion, on a encore omis le point
important : le taux d'émission d'un emprunt est
sans doute une condition de succès, mais il
en est une autre, essentielle, capitale, sans laquelle tout emprunt, quelque avantageux qu'il
soit, est frappé de stérilité; cette condition,
c'est la confiance dans le gouvernement qui
contracte : sans confiance, point d'emprunt.

La Turquie, l'Autriche, la France, en 1848, ont émis des emprunts à bas prix ; ces emprunts n'ont point réussi, parce que la confiance manquait. La France, depuis 1854, a ouvert des emprunts par quatre fois consécutives, et quatre fois la confiance publique a répondu par des milliards.

Le taux d'émission, sans la confiance, est donc illusoire.

Ces critiques contre nos emprunts de guerre et l'augmentation de la dette qui en est la conséquence étaient donc erronées.

Maintenant, le chiffre de la dette d'un État doit-il avoir une limite fixe, ou plutôt ce chiffre ne doit-il pas être proportionné à la puissance du crédit de cet État ?

Habituellement, le poids d'un fardeau se mesure sur les forces de celui qui le porte ; or, si nous comparons la dette anglaise à la nôtre, voici ce que nous trouvons :

L'Angleterre, notre prétendu modèle en toutes choses, a une dette publique de 18 milliards, et elle supporte annuellement une charge de 756 millions sur un budget de 1,800 millions, budget vulnérable sur plus d'un point, puisque la plupart de ses ressources consistent en taxes indirectes, exceptionnelles ; et que son impôt fixe et direct atteint seulement 80 millions.

La France, au contraire, n'avait qu'une dette de 8 milliards en 1858, et elle ne servait qu'une charge annuelle de 316 millions sur un budget de 1,871 millions, budget solide et invulnérable dans lequel son impôt direct figure seul pour la somme de 464 millions.

Cette comparaison des deux dettes et des deux natures de budgets indique suffisamment auquel des deux revient l'avantage, et comment la France possède la puissance nécessaire pour supporter facilement un fardeau qui ne dépasse point ses forces.

Ce fardeau, nous le savons, a augmenté depuis 1858, puisque la guerre d'Italie a ajouté à la dette une charge nouvelle de 25 millions ; mais, nonobstant cette nouvelle charge, la France y fera face et le budget de 1861, comme celui de 1862, sera maintenu en équilibre, sans recours à de nouveaux impôts.

Les craintes dont on fait quelque bruit n'ont donc point de raison d'être, et la confiance publique en a déjà fait justice.

XI

La dette flottante est, comme la dette consolidée, l'une des grandes préoccupations des financiers. Cette dette est ainsi constituée :

Lorsque les ressources d'un exercice sont insuffisantes, l'État, au lieu de créer des rentes, emploie, pour subvenir aux nécessités du moment, les fonds qu'il reçoit à divers titres. Ces fonds proviennent des caisses d'épargne, de la caisse des dépôts, des avances faites par les receveurs généraux des finances, des fonds placés en compte courant par les communes et par les établissements publics; puis, si ces fonds ne suffisent point, le Trésor émet des lettres de change à échéance fixe, avec intérêts, sous le nom de *bons du Trésor*.

Ce sont ces ressources qui constituent la dette flottante, ainsi appelée, parce qu'elle n'est jamais fixe : les intérêts qu'elle sert à ses créan-

ciers sont ceux qui figurent au budget. En 1852,
ces intérêts étaient de la somme de 25 millions; en 1858, ils sont de 29 millions.

Cette dette, qui avait atteint en 1858 le
chiffre de 860 millions, pouvait donner lieu
à quelques appréhensions; mais, depuis cette
époque, elle a été diminuée, et déjà, en 1861,
le ministre des finances annonçait que son
chiffre atteignait à peine 700 millions. Il ajou-
tait qu'avec la permanence de la plupart de ses
éléments, avec l'importance toujours croissante
des revenus indirects, et au moyen des en-
caisses qui résultaient des anticipations de recouvrements de l'impôt direct, le service de la
trésorerie se trouvait replacé dans les conditions
les plus satisfaisantes.

Maintenir la dette flottante à ce chiffre de
700 millions, c'est donc encore ne point abuser
des ressources du trésor.

Les intérêts des cautionnements ne varient
point. Les cautionnements qui sont remboursés
sont immédiatement remplacés par d'autres à
peu près de la même importance; c'est donc
une dépense presque fixe, et qui ne peut être
diminuée, puisque l'intérêt servi aux titulaires

n'est que de 3 p. 100, taux inférieur à la valeur actuelle du capital.

Les crédits nécessaires au service du fonds
d'amortissement, qui figuraient en 1852 pour
64 millions, présentent pour 1858 le chiffre de
87 millions, avec différence de 23 millions : ces
23 millions ne sont que la représentation des
accroissements successifs d'intérêts, acquis à
la dotation de cette caisse, pour la consolidation de ses réserves, pendant ces six années ;
ils se justifient d'eux-mêmes.

Au nombre des dépenses qui ont reçu une
augmentation notable, on remarque les pensions, c'est-à-dire la dette viagère servie par
l'État à divers employés et fonctionnaires, après
la suppression des caisses de retraite. Ces pensions, qui figuraient au budget de 1858 pour
60 millions, sont inscrites à celui de 1852 pour
68 millions, avec augmentation de 8 millions.

Parmi les augmentations, il faut noter encore
les pensions civiles, le rachat des péages du
Sund et des Belt, et une redevance à l'Espagne
pour délimitation de frontière.

La dotation du duc de Malakoff y est com-
prise pour 100,000 francs : si cette dotation

est portée en dépense, l'honneur de la France la porte également en recette.

Les dotations des pouvoirs publics ont subi un accroissement considérable et nécessaire de 1852 à 1859; en 1852, elles se montaient à 16 millions; en 1858, elles atteignent 40 millions.

Le budget de 1852 étant encore un budget de la République avec le prince-président, le pouvoir exécutif y était compris pour 13 millions 200,000 francs, le Sénat pour 600,000 francs, le conseil d'État pour 1 million 600,000 francs, le Corps législatif pour 600,000 francs.

L'avénement de l'Empire a amené des dotations différentes; l'Empereur a été doté comme il devait l'être; le Sénat, le Corps législatif, la Légion d'honneur ont reçu des allocations nouvelles.

L'Empereur a reçu 25 millions, les princes de sa famille 1 million et demi, le Sénat 6 millions, le Corps législatif 3 millions et demi, la Légion d'honneur 4 millions : toutes ces dépenses se trouvent donc complétement et honorablement justifiées.

XII

Les services des ministères ont vu également s'accroître leurs dépenses dans des limites et pour des objets qui ont reçu l'approbation des pouvoirs législatifs.

Le ministère des affaires étrangères a reçu, en 1858, 2 millions de plus qu'en 1852. Sur ces deux millions, 1 million a été attribué au traitement des agents diplomatiques, 250,000 francs au service général, 500,000 francs aux missions étrangères, et 40,000 francs à la sainte église de Jérusalem.

On y remarque une augmentation de dotation de 50,000 francs en faveur de notre généreux ennemi, l'émir Abd-el-Kader, le même qui, hier encore, en sauvant nos frères de Syrie, nous prouvait qu'il eût été digne d'être chrétien.

Le service des cultes a sur 1852 une augmentation de 5 millions, ainsi distribués : au clergé paroissial 2 millions, aux chapitres des cathédrales 34,000 francs, aux édifices diocésains 1 million 300,000 francs, aux presbytères 200,000 francs, aux cathédrales de Paris, de Moulins, de Marseille, 1 million 200,000 francs, au grand séminaire de Lyon 350,000 francs.

Cette augmentation de 5 millions, abstraction faite des autres allocations spéciales à 1853, 54, 55, 56 et 57, témoigne de la sollicitude constante et respectueuse du gouvernement pour tout ce qui touche aux intérêts de l'Église.

Le ministère d'État a une augmentation de 2 millions en 1858, parce que la dotation du conseil d'État a été transportée à son département. Les travaux extraordinaires qui ressortissent au ministère d'État continuent d'ailleurs à y figurer.

Le ministère de la guerre était naturellement appelé à jouer un rôle important au milieu des événements politiques qui ont marqué la période dont nous nous occupons. — Ce ministère a dû aviser aux armements de la guerre

d'Orient; il s'en est acquitté à l'aide de son
budget et des emprunts spéciaux ; puis, après
la prise de Sébastopol, il a dû pourvoir aux
dépenses de réparation et d'entretien amenés
par cette guerre, remettre sur pied l'armée, et
se préparer à de nouveaux événements, nous
voulons dire à de nouveaux triomphes.

Aussi, le budget de 1858 diffère-t-il de celui
de 1852 de la somme très-considérable de
38 millions : c'est ainsi que la solde des trou-
pes a augmenté de 18 millions, les fourrages
de 9 millions, le matériel de l'artillerie et du
génie de 15 millions, la gendarmerie de
11 millions.

D'autres chapitres diminués sont venus, de
leur côté, compenser une partie de cette dépense pour 15 millions : les circonstances justifient suffisamment un semblable excédant de
dépenses. La guerre d'Italie nous l'a prouvé.

Le ministère de la marine se présente également au budget de 1858 avec une augmentation.

La marine avait subi les mêmes épreuves
dans la mer Noire ; elle devait donner lieu aux
mêmes dépenses relatives. L'augmentation du
ministère de la marine est de 28 millions, dont

10 millions pour travaux dans ses ports, 7 millions pour solde de ses matelots, 1 million pour
ses hôpitaux, 3 millions pour les vivres de ses
équipages, 7 millions pour ses autres services.
On sait que la marine française est en voie de
transformer son matériel à voiles en matériel à
vapeur, et que cette transformation, ainsi que
la construction de bâtiments de nouveaux mo-
dèles nécessitent des dépenses considérables.

Le ministère de l'Algérie, qui était auparavant confondu avec celui de la marine, a ré-
clamé en 1858 une dotation de 38 millions;
cette somme est venue se placer à son rang,
dans nos derniers budgets.

Les ministères de l'intérieur, de l'agriculture
et du commerce étaient confondus en 1852;
ils absorbaient une somme de 232 millions.
Ces ministères ont été depuis divisés. Il a été
plus difficile d'apprécier la somme des subven-
tions qu'ils ont absorbée comparativement entre
1852 et 1858. Cependant, en faisant une sorte
de partage de ces dépenses, on arrive à trouver qu'en 1858 le ministère de l'intérieur a
été doté, en plus, d'une somme de 24 millions,
et le ministère de l'agriculture et du commerce

d'une somme de 12 millions, ensemble 36 millions.

Ces dépenses, parfaitement justifiées à leurs chapitres, n'ont fait que constater, une fois de plus, avec quelle sollicitude toutes les institutions et les travaux utiles étaient généreusement dotés.

La régie des impôts avait dû nécessairement subir une augmentation en rapport avec les recouvrements opérés par les comptables; cette augmentation se monte à 40 millions.

Il en est de même du chapitre des remboursements et restitutions, de 1852 à 1859; ce chapitre à éprouvé une augmentation de 44 millions.

· Nous ne pouvons passer, sans nous y arrêter, sur le chapitre des dépenses à différents titres. Ce chapitre contient, en 1858, une allocation spéciale prise sur la subvention de 20 millions affectée, en 1857, aux travaux nécessités par les inondations qui ont alors désolé la France.

Nul assurément ne regrettera cette dépense, et, à ce sujet, nul ne saurait oublier la noble conduite de celui qui, la nuit, quittant son palais des Tuileries, apparaissait le lendemain

sur une frêle barque, au milieu des eaux du
Rhône, distribuant à tous des consolations et
des secours, et ne marchandant pas plus sa vie
que sa bourse.

Ces traits sont de ceux qui restent dans
la mémoire des peuples.

XIII

Si, d'une part, les dépenses de 1858 ont dé-
passé celles de 1852 de la somme de 379 millions; d'autre part, certains ministères ont réa-
lisé des économies.

Ainsi, en 1858, le ministère de la justice
reçoit en moins 1 million, le service général
des finances 4 millions, l'instruction publique
2 millions, les travaux extraordinaires 27 millions. Cette économie de 34 millions doit donc
venir en déduction des 379 millions de dépenses
et les réduire aux 345 millions définitivement
arrêtés.

En résumé, une différence en plus de 345

millions existait dans les dépenses de 1859 comparées à celles de 1852 (1) ; nous devions rechercher les causes de cette dépense, la contrôler, la justifier. Nous venons d'en faire l'analyse chapitre par chapitre ; elle a reçu la sanction définitive des pouvoirs publics ; elle demeure donc pleinement justifiée.

Les dépenses des ministères ont également compris à titre de travaux extraordinaires des

(1) Relevé des différences entre 1852 et 1858 :

En plus.		En moins.	
Dette inscrite	122 millions.	Ministères :	
Dotations	24 —	de la Justice. .	1 million
Ministères :		des Finances .	1 —
d'État.	2 —	de l'Instr. pub.	2 —
des Cultes.	5 —	Travaux publics.	27 —
des Aff. étrangères.	2 —	»	»
de la Guerre. . . .	38 —	»	»
de la Marine. . . .	28 —	»	»
de l'Algérie. . . .	38 —	»	»
de l'Intérieur . . } de l'Agriculture. }	36 —	»	»
Régie des impôts . .	40 —	»	»
Remboursements. . .	44 —	»	»
	379 millions.		34 millions.

Différence : 345 millions.

Les recettes de 1852 à 1858 s'étant augmentées de 384 millions, et les dépenses, au contraire, s'étant limitées à 345 millions, il

sommes considérables : de 1852 à 1859, il a
été dépensé plus de 500 millions ; ces dépenses
sont assurément justifiées par elles-mêmes.

A ces documents nous eussions pu ajouter
le détail de tous les accroissements qu'avaient
pris dans cette période impériale les services
publics, les établissements de bienfaisance, l'instruction primaire, les chemins de fer, la télé-
graphie, les routes, la navigation fluviale, les
ports maritimes, les desséchements des marais ;
mais ils éclatent à tous les yeux.

Nous eussions pu de même rappeler toutes
les grandes constructions entreprises, le palais
du Louvre, la cathédrale de Paris, les basili-
ques de Laon, de Caen, de Carcassonne, les
châteaux de Blois, de Pau, les écoles d'arts et
métiers de Châlons et d'Angers, et tant d'autres
merveilleuses restaurations dues à l'Empire ;
nous avons préféré laisser ces faits à la mémoire de ceux que touchent encore, en France,
le culte des arts et le respect des vieux souvenirs.

semblerait que l'économie de 1858 devrait être, non de 13 millions,
mais de 39 millions. Cette différence apparente provient de l'excédant de dépense imputé au budget de 1852 pour 26 millions,
excédant qui diminue d'autant le chiffre de 39 millions

Nous concluons.

Nous avions pour but d'examiner dans cette partie de notre travail si la dette publique s'était maintenue en rapport avec le crédit de l'État, si nos dépenses légalement votées avaient été exclusivement consacrées à la bonne administration du pays, au maintien de son honneur, au développement de sa prospérité.

La France a répondu : sa dette concorde avec le crédit de l'État; son administration est reconstituée, son honneur maintenu, sa prospérité développée à un degré inconnu jusqu'à nos jours.

Le budget des dépenses a donc reçu sa sanction.

Avons-nous ainsi réussi à dissiper des alarmes exagérées, à prouver que les budgets de l'Empire, si contestés, si attaqués et pourtant si facilement acquittés, ne périclitent en rien? Nous voulons l'espérer.

De 1830 à 1859, dans cette première période du développement de notre prospérité, nos recettes ont progressé, sans effort, de 986 millions à 1,871 millions. — Avec le nouvel essor imprimé à cette même prospé-

rité, un jour viendra où les plus sages ne s'ef-
frayeront point de voir nos budgets portés à
2 milliards, et notre dette consolidée à 400
millions.

Les forces de la France y suffiront.

XIV

Il nous reste à combattre un dernier grief,
attribué à l'administration des finances de
l'Empire : il a été dit que, pour être vraiment
digne de gouverner, il fallait savoir maintenir
une juste balance entre les intérêts du présent
et ceux de l'avenir, laissant entendre ainsi que,
si cette balance n'était point équitablement
maintenue, la succession laissée par l'Empire à
la postérité serait onéreuse et obérée.

Le pouvoir qui préside à nos destinées a la
main assez sûre pour peser dans une juste balance les forces du pays et faire la part du

présent, comme celle de l'avenir : du présent,
en maintenant l'honneur de notre nom et en
développant la prospérité nationale qui solde
les budgets ; de l'avenir, en laissant à nos des-
cendants, qui certainement ne le répudieront
point, le noble héritage d'une France régéné-
rée, agrandie, honorée.

Sur ces deux points, nous sommes donc encore parfaitement rassurés.

XV

Quand on est un peuple de 40 millions
d'âmes, uni, compacte, intelligent et laborieux ;
— quand on a le monde entier pour tribu-
taire de son industrie, de son goût, de son
luxe, de ses arts, de sa civilisation ; — quand,
au premier appel de l'État, la confiance répond
par des millions, — on dédaigne des dangers

imaginaires ; et, fort de la double puissance de son travail et de son crédit, on présente avec calme la situation de ses finances à ses amis comme à ses ennemis.

FIN

PARIS. — IMPRIMERIE J. CLAYE, RUE SAINT BENOIT, 7.